Prix : 2 Francs

de la Formation du Caractère

DISCOURS

Prononcé le 13 Juillet 1924

A LA

DISTRIBUTION DES PRIX

du Collège de Lunéville

Présidée par G. AMIAUD

PRÉSIDENT DU TRIBUNAL CIVIL

Publié au Bénéfice de l'Association des Mutilés de la Guerre

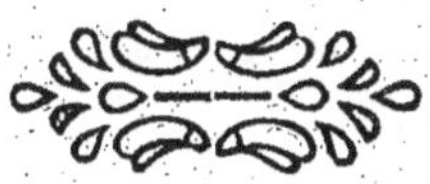

LUNÉVILLE
IMPRIMERIE RAZEL FRÈRES
1 ET 2, GRANDE-RUE, 1 ET 2

Publié au Bénéfice de l'Association des Mutilés de la Guerre

de la Formation du Caractère

DISCOURS

Prononcé le 13 Juillet 1924

A LA

DISTRIBUTION DES PRIX

du Collège de Lunéville

Présidée par G. AMIAUD

PRÉSIDENT DU TRIBUNAL CIVIL

LUNÉVILLE
IMPRIMERIE RAZEL FRÈRES
1 ET 2, GRANDE-RUE, 1 ET 2

DE LA
FORMATION du CARACTÈRE

DISCOURS

PRONONCÉ LE 13 JUILLET 1924

A LA

DISTRIBUTION DES PRIX

DU COLLÈGE DE LUNÉVILLE

présidée par G. AMIAUD

Président du Tribunal Civil

MESDAMES, MESSIEURS, MES AMIS,

Je remercie Monsieur le Recteur et Monsieur le Principal du grand honneur qu'ils m'ont fait en me demandant de présider cette belle fête de Distribution des Prix. Volontiers, j'aurais cédé la place à quelqu'un de plus apte ; les qualités représentatives et les dons de l'éloquence me font défaut. J'aurais dû m'effacer ; le désir de louer vos jeunes intelligences et de couronner vos jeunes têtes ne me l'a pas permis.

Il me faudrait, pour vous bien comprendre et vous intéresser quelque peu, pouvoir revivre un instant mes jeunes années et, pour une heure, redevenir tout jeune au milieu de vous. Hélas! la Jeunesse fuit les cheveux gris et les rhumatismes. Le temps déforme rapidement, si nous n'y prenons garde, non seulement notre corps, mais notre esprit et notre caractère et nous sommes tout surpris de nous retrouver, un jour, au milieu des jeunes gens de notre Pays, comme un étranger, de retour après une longue absence, ne connaissant presque plus leur esprit et leurs jeux.

Il faut donc lutter de toutes nos forces pour demeurer jeunes, pour conserver intacts notre intelligence, notre caractère et notre personnalité, lutter contre la déformation professionnelle, contre l'usure des années, conserver, dans l'âge mûr, assez de jeunesse pour bien comprendre nos jeunes gens et savoir toujours nous faire comprendre d'eux.

Vous avez, mes Amis, l'ambition légitime de parvenir à cet accord, si bien exprimé par Andrieux : « *l'Accord d'un beau talent et d'un beau caractère* ».

Vos excellents Maîtres sauront former vos jeunes intelligences et vous donner le talent. Ils sauront vous faire connaître, tout spécialement, les langues et les littératures des Antiquités grecque et romaine, qui ont formé notre langue et notre littérature françaises. Par des lectures bien choisies et des commentaires inspirés, ils sauront vous faire comprendre et vous faire aimer Athènes, cette source merveilleuse, inépuisable des beautés, des vérités et de l'esprit ; Rome, la raison, la puissance et la grandeur latines. Ils sauront vous faire aimer leurs grands écrivains et leurs grands hommes, leurs grands Caractères.

« Je crois que, pour former l'esprit, rien ne vaut l'étude des deux Antiquités », a dit Anatole France ; je m'incline devant le jugement de ce grand Maître. Je crois fermement avec lui que l'étude approfondie de notre langue, si souple et si drue, si claire et si précise, qui ne se peut séparer des langues latine et grecque, « de ce noble langage, le plus beau qui, depuis Homère, soit né sur des lèvres humaines », suffit pour conserver à l'esprit français la clarté, la précision qui le distinguent.

Vos Maîtres sauront vous donner, avec la culture classique, le goût des chefs-d'œuvre de l'Antiquité et des temps modernes, que vous relirez, dans l'âge mûr, avec profit, et avec quelles joies ! Ils sauront discerner, en temps utile, vos facultés et vos aptitudes et vous dirigeront, s'il est nécessaire, vers l'étude approfondie des sciences et des mathématiques, que vous facilitera grandement votre préparation classique.

Les études modernes vous donneront les connaissances pratiques, si utiles, à notre époque, pour l'exercice des professions industrielles et commerciales ; elles vous donneront, par les mathématiques, l'exactitude rigoureuse du raisonnement, mais elles ne donneront point à votre esprit, formé par les études classiques, plus d'élévation, de logique et de clarté.

Toutes les voies sont actuellement ouvertes, par un enseignement largement démocratique, aux jeunes intelligences, suivant leurs facultés et leurs aptitudes.

Vous aimez les sports, mes Amis, et vous y adonnez beaucoup plus qu'on ne le faisait de mon temps. Vous avez bien raison. Les exercices au grand air développent et fortifient le corps. Les méthodes actuelles d'éducation physique sont admirables. Il vous faut développer vos muscles et votre énergie, comme votre esprit et votre mémoire, acquérir un corps robuste et bien trempé, capable de servir, en toutes circonstances, votre intelligence et votre vouloir. Il faut un corps solide pour bien porter une belle àme.

— Mais, plus encore que la culture de l'esprit et du corps, est indispensable la formation et la culture du caractère. — La formation du caractère, de cette vertu maîtresse, toujours si rare, plus encore que le talent, si précieux à notre époque, comme à toutes les heures difficiles de l'existence humaine, sera le couronnement de l'œuvre de vos maîtres.

Ils vous feront connaître et admirer les beaux Caractères de l'Antiquité et des temps modernes.

« Les Anciens, dit Sénèque, ont trouvé les remèdes qui sont propres pour les maladies de l'âme. On les doit admirer et les révérer comme Dieux. Pourquoi ne garderions-nous pas les portraits de ces grands hommes et n'honorerions-nous pas le jour de leur naissance, afin de nous exciter à la Vertu ? Ne les nommons jamais sans quelque éloge, car le respect que nous devons à nos précepteurs, nous le devons aussi à ces précepteurs du genre humain, qui nous ont découvert les sources de tant de choses utiles. Si nous rencontrons un Préteur, un Consul, nous lui rendons toutes les marques d'honneur, nous descendons de cheval, nous nous découvrons, nous nous retirons du chemin. Et quand les deux Caton, le sage Lélie, Socrate, Platon, Zénon et Cléanthe se présentent à nos esprits, les recevrons-nous sans leur rendre quelque vénération particulière ?

« Pour moi, je les révère extrêmement et je n'entends citer les noms de ces grands personnages que je ne me lève toujours pour leur faire honneur ». Et ailleurs, faisant l'éloge de Scipion l'Africain, de sa simplicité, de sa modération et de sa piété : « Puisqu'il faut que Scipion sorte de Rome, afin que la Liberté y demeure sans ombrage, je veux obéir aux Lois. Je ne prétends point de privilège contre mes concitoyens. Je suis bien aise que ma Patrie jouisse du bien que je lui ai procuré. J'ai été la cause de sa liberté, j'en serai encore l'exemple. Je m'en vais, puisque ma présence et ma grandeur lui sont suspectes ! Qui n'admirerait une âme si élevée ? Il se bannît volontairement, et, par ce moyen, déchargea la Ville d'un fardeau qui l'incommodait ».

Vos Maîtres vous donneront, sans doute, en exemple, Démosthènes, grand orateur, et surtout grand citoyen d'Athènes. Ils vous donneront en exemple la vie de Lamartine, de ce grand poète, qui fut aussi grand citoyen, qui, après avoir connu toute la gloire, dut, lui aussi, comme l'écrit José-Maria de Hérédia, dans son beau Discours de réception à l'Académie française, expier son génie et payer la longue rançon de tant de gloire.

« Relégué dans l'ombre par le coup d'Etat de décembre, il y vieillit dix-huit ans, oublié, ruiné, accablé de soucis et de chagrins sans cesse renouvelés, n'ayant pas même le droit de désespérer, car il s'était condamné, comme on l'a justement dit, aux travaux forcés de l'Honneur. Il subit sa peine jusqu'au bout et fit métier de son génie ». Saluons, mes Amis, cette noble figure, la nature l'avait créé patricien ; ses sentiments populaires ne sont, suivant l'éloquente expression de Hérédia, qu'une libéralité suprême de sa grande âme.

Vos Maîtres vous donneront en exemple le grand Pasteur, ce bienfaiteur de l'humanité, d'une si haute intelligence, d'un si simple et si noble caractère, le grand Pasteur, qui croyait que « le Devoir ne cesse que lorsque le pouvoir manque », et tant d'autres grands hommes, de l'antiquité ou des temps modernes, de l'Orient ou de l'Occident, car il est d'autres races, d'autres civilisations que les nôtres qui ont produit de grands Génies et de hauts Caractères, tels les célèbres philosophes chinois Koung-Tseu (Confucius), son grand disciple Meng-Tseu (Mencius) et Tchou-Hi, tous les trois d'une psychologie si pénétrante et d'une morale si haute, toujours si vénérés des lettrés extrême-orientaux.

Tchou-Hi naquit en 1129, à Tchéou. Tout en cultivant la sagesse, il accepta des fonctions publiques et jamais sage ne mit mieux en pratique ses préceptes. Ce fut le modèle des Magistrats.

Disgracié et chassé de la Cour, il continua ses travaux dans la retraite. Soucieux de conformer tous ses actes aux règles antiques et voulant restaurer les vieux Rites, tombés en désuétude sous les rois fainéants de la dynastie Tchéou, il composa, notamment, le fameux Kia-li, ou Recueil des Rites domestiques.

Animés par ces beaux exemples, vous vous efforcerez, tout d'abord, mes Amis, à exercer et à développer votre volonté ; à acquérir la maîtrise de vous-même, car vous devrez, au cours de l'existence, vous heurter, chaque jour, sur le même chemin, aux mêmes obstacles.

Il faut, avant tout, se bien connaître et amender avec soin son caractère, lorsqu'il pêche par quelque côté.

Et, à ce propos, se présente à mon esprit une anecdote qui me fera bien comprendre, je crois. J'étais, alors, tout jeune, comme vous. Je suivais, à Condorcet, le cours de philosophie, que professait, avec une érudition si personnelle et si captivante, M. Thamin, aujourd'hui Directeur de l'Enseignement primaire.

En quittant la classe, il m'arrivait souvent de m'attarder à discuter avec des camarades, que passionnaient comme moi, les problèmes de la métaphysique et de la psychologie.

Un jour, la discussion, plus animée encore que de coutume, s'était poursuivie jusqu'à la gare Saint-Lazare. Nous n'étions point d'accord et, furieux de ne pouvoir faire partager mon sentiment, je me jetai sur mon ami et le frappai avec violence. Il tomba sur le grand escalier de pierre au sommet duquel nous discutions... J'en demande bien pardon à mon camarade et à mon vénéré Maître, dont l'enseignement philosophique méritait d'être mieux compris et appliqué. Je me jurai d'amender mon caractère et de devenir maître de moi-même et jamais, depuis lors, je n'ai pensé à cette défaillance sans en ressentir quelque honte !

Peut-être ne parviendrez-vous pas, mes Amis, à acquérir complètement, ici, cette vertu maîtresse ; vous poursuivrez vos efforts au cours de la Vie. Quoi de plus beau et de plus utile ? Etre, quand on le veut, le maître de son sort ! Entendez Horace : « *Et mihi res, non me rebus, subjungere conor.* » (Livre I, épitre I, vers 19). Je m'applique à dominer les choses et à n'en pas être dominé. — Et Chamfort : « Quiconque n'a pas de caractère, n'est pas un homme, mais une chose ». Ce qui est fort juste, car l'homme, ainsi abandonné de soi-même et n'appartenant plus qu'aux sottises et aux frivolités qui l'environnent, arrive à devenir lui-même sottise et frivolité. Pour se garder de cette décadence, il faut suivre le précepte d'Horace.

Quand vous serez maîtres de vous-même, vous posséderez le caractère. Un beau caractère est fait de conscience et d'honneur. Et qu'est-ce donc que la conscience ?

Les premiers mouvements de notre nature nous portent, souvent, vers le mal. Il nous faut, alors, écouter cette voix de l'âme, ce sentiment secret, ce bon Génie, ce Prêtre intérieur, la Conscience. Elle nous encourage et nous blâme, nous conseille et nous guide, ne nous trahit jamais. Ecoutez ce qu'en dit le sage Montaigne : « Tant est merveilleux l'effort de la conscience qu'elle nous fait trahir, accuser et combattre nous-mêmes et, à faute de témoins étrangers, elle nous produit contre nous... Comme elle nous remplit de crainte, aussi fait-elle d'assurance et de confiance et je puis dire avoir marché, en plusieurs hasards, d'un pas bien plus ferme, en considération de la secrète science que j'avais de ma volonté et innocence de mes desseins » (Les Essais ; de la Conscience).

Un beau caractère est fait aussi d'Honneur. Je veux vous donner de cette vertu les quelques définitions qui me semblent être les plus belles. D'après Vigny (Grandeur et Servitude militaires), « l'Honneur c'est la pudeur virile ». — « *Quod non vetat lex, hoc vetat fieri Pudor* ». La loi permet, souvent, ce que défend l'Honneur, dit Sénèque, dans la Troade (acte IV, scène II), et Juvénal s'écrie, dans sa satire VIIIe (vers 83) : « *Summum, crede, nefas animam præferre Pudori* ». Crois-moi, préférer la vie à l'honneur est un grand crime.

La maîtrise de soi, la Conscience et l'Honneur vous donneront, avec un beau caractère, la paix de l'esprit, tout le bonheur humain.

« Faites votre Devoir, et laissez faire aux Dieux », dit le vieil Horace, et, dans ses Fastes, Ovide vous l'assure : « Avec la conscience de faire bien, on se rit des faux bruits du monde ».

Loin de moi la pensée de critiquer devant vous les religions ; elles sont, toutes, l'expression humaine, d'abord grossière, puis, sans cesse plus pure, de la Divinité, mais, de toutes les religions, le culte de l'Honneur et de la Conscience me paraît élever l'homme le plus haut vers son Idéal et vers son Dieu.

Evitez, cependant, mes Amis, de vous draper dans votre vertu, « la Vertu qui fait du tapage, n'est déjà plus de la Vertu ». Théâtrale, elle fait sourire et semble suspecte. Elle donne envie de chanter, comme sous la Restauration : « Vous allez, Monsieur le Ministre, vous draper dans votre Vertu ; Voilà, voilà ce qui s'appelle être légèrement vêtu ! ».

Joignez à la simplicité du caractère, la simplicité des goûts et de la vie : « C'est posséder les biens que savoir s'en passer », nous dit Regnard.

Ecoutez encore Montaigne : « Socrate, voyant porter en pompe par sa ville grande quantité de richesses, joyaux et meubles de prix, combien de choses, dit-il, je ne désire point... Ce que la nature nous demande pour la conservation de notre être est si peu de chose qu'il échappe à la prise et au choc de la fortune par sa petitesse ; la pauvreté des biens est aisée à guérir, la pauvreté de l'âme, impossible. » (Les Essais ; de la Volonté).

Ecoutez Sénèque, le philosophe, dont le plus scrupuleux des historiens, Tacite, a raconté la mort, avec un respect sous lequel se devine une admiration sévèrement contenue, Sénèque, que je me plais à citer, car il fut, à une époque peu vertueuse, et dans des circonstances particulièrement difficiles, l'un des plus beaux Caractères de l'histoire romaine (Mœterlinck, Introduction à la traduction des Epistres de Sénèque, par Pintrel et La Fontaine).

Sénèque écrit à Lucilius : « Soyez digne des Dieux par le mépris de l'or. Il n'y a que celui qui méprise les richesses qui soit digne de celui qui les a créées. Je ne vous défends pas d'en avoir, mais je veux que vous possédiez sans inquiétude.

Vous y réussirez, si vous vous persuadez que vous ne laisserez pas de vivre heureux sans elles et si vous les regardez toujours comme si elles étaient prêtes à vous quitter ».

Ne ressort-il pas de tous ces conseils, mes Chers Amis, que le bonheur est en nous, qu'on est, quand on le veut, pour une large part, le maître de son sort ?

Ces conseils, vous les avez écoutés et suivis. Par l'enseignement de vos maîtres et votre propre effort, vous avez réalisé le souhait que je forme pour vous : « *l'Accord d'un beau Talent et d'un beau Caractère* ». Vous possédez, maintenant, en vous toutes les forces et toutes les joies. Jeunes et généreux, vous ne comptez pas vos amis ; « les amis, ces parents, que l'on se fait soi-même ». Vous savez déjà qu'un livre est un ami qui ne trompe jamais ; et vous ne dites point, avec Aristote : « O mes amis, il n'y a nul ami ».

Vous êtes heureux, en votre Maison et votre Patrie. Vous possédez en vous-même tout le bonheur humain. Défendez jalousement votre trésor. Gardez intacte votre culture physique et intellectuelle ; gardez, surtout, contre l'usure des ans, l'usure professionnelle, votre beau Caractère. Restez jeunes, vivez en beauté.

Je vous remercie, mes Chers Amis, de m'avoir permis de retrouver, pour une heure, auprès de vous, toute ma jeunesse.

Merci de l'enseignement que vous me donnez; il faut, dans l'âge mûr, demeurer en contact avec les jeunes.

Excusez-moi de cette causerie un peu longue et un peu sévère. Je vous prie de ne pas l'oublier tout à fait, d'y penser quelquefois, au cours de l'année prochaine.

Et maintenant, ce sont les vacances, *denique tandem !*

Vive la joie ! Chantez, comme vos Pères :

> Voici les vacances,
> Denique, tandem,
> Et les pénitences,
> Habebunt finem.

> A bas, la clochette,
> Voce sinistra,
> Qui toujours répéte :
> Piger, labora.

Courez, mes Amis, à vos vacances et à vos jeux !